DIFERENCIA SE LLAMA

DIFERENCIA SE LLAMA

Jesús Maroto

Colección Generación del Vértice, 219

DIFERENCIA SE LLAMA

© De los textos e imágenes interiores
JESÚS MAROTO

© Imagen de la portada
Ícaro Manchego
EDUARDO SÁNCHEZ-BEATO
Óleo sobre tela de lino. 195 x 130 cm. 2006

© De la edición
CELYA EDITORIAL
Apdo. Postal 1.002 – Toledo (45080)
celya@editorialcelya.com
www.editorialcelya.com
Tel.: 639 542 794

1ª edición: Septiembre, 2024

ISBN: 978-84-19933-11-9
D.L.: TO 209-2024

Imprime CELYA

El proceso creativo suele ser bastante doloroso.
Es una autentica búsqueda del alma.

BEN GORHAM

RETAZOS DEL AYER

Biblioteca de ayeres...

Amalia Martínez Muñoz

Desolación

no tiene dientes.
Nadie duda que fuera bella.
Resignación bien lo sabe.
Si preguntas
te dirá exactamente cuánto
y algún detalle –siempre lo hace–
de su historia de amor
en aquella España
con las piernas rotas,
muerta de hambre,
de miedo y de vergüenza.

Para mis padres

Comienzo el poema
ocultando un cierto temor
a repetirme. Avanzo unos versos
y este –el poema– se niega a seguir.
Nos damos una tregua.
Y mientras hago cualquier cosa
pienso en él. En lo que ha querido decir.

Que las ideas dañan seriamente la poesía.

Susurra primero.
Enseguida se vuelve terco.
Se convierte en llama.
A veces me quemo.
Otras, prefiero mirar cómo se apaga.

Observo
parejas que pasan.
Algunas
se acarician.
Se besan.
Se miran. Se hablan.

Con rayos certeros
de ausencia
desgasta la razón
en lágrimas y culpas.
El arrepentimiento
es ese brutal vaivén
que nos priva del ahora
con la fuerza de un rapto.

En su cama,
con su enorme marido alemán
durmiendo la borrachera,
enseñaba efectos especiales.
Pero llegó
—a su cama— el alumno más torpe,
el alemán se despertó
y, ya fuera de plano, se mataron
los tres.

Lo malo no es perder la inspiración.
Que es bueno que el poeta
esté callado un tiempo.
De testigo.

Lo malo es perder la libertad.
Que no es bueno que el poeta
esté obligado a callar.
Aunque se crezca en el castigo.

Siempre
es una boca
que busca otra boca.
Siempre sucede.
Siempre así.

Inconscientes.

Mis hijas crecen.
Y yo me pongo triste.

Mis hijas se pintan los ojos.
Y se visten de otros colores.
Y escuchan otras músicas.
Y yo me pongo triste.

Mis hijas descubren caricias.
Y ríen en el pasillo
mientras hablan por teléfono.
Y alguna vez leen mis poemas.
Y yo me pongo triste.

Mis hijas tienen amores.
Y proyectos. Y se van de viaje.
Y cuando regresan, yo, mirándolas,
solo así, recupero la alegría.
Y sonrío. A ellas. Y a la tristeza de antes.

Cierro el libro al caer la tarde
en este inmenso jardín desolado
en el que las estatuas hablan entre sí,
y escucho: *Sólo la ignorancia tiene futuro.*

En ocasiones nada nos es desconocido.
La luz habita círculos imposibles.
Son líneas insistiendo en su simetría.
El dibujo de una mano.
Un armario vacío.
Una noche maravillosa.

Hoy, uno de noviembre,
les digo a mis muertos:
algo falla.
Demasiado triste me parece.

Si te lamentas es porque tú quieres.

Y ya la conversación siguió
hasta bien entrada la noche
por otros derroteros.

El tiempo pasa
con frecuencia inútilmente.
Hay misiles cayendo tan impunes
que lo demuestran.
Sin embargo,
yo no sé si esto es verdad.
Quién soy yo para hablar
de estas cosas
si no un simple hombre,
igual que otro cualquiera,
que se estremece con frecuencia
inútilmente.

Para Daniel Ruiz Salamanca

Se pega
como mancha de grasa
a la camisa
y en las lágrimas de mis hijas
hallo el fruto de tu vientre,
madre ira.

Un ya hablaremos
se convierte
en un no tenemos
nada de qué hablar.
Y aunque parezca mentira
no lo es. Es la verdad
que se complica.

INSTANTÁNEAS DEL HOY

Para siempre está compuesto de 'ahoras'.

EMILY DICKINSON

Es difícil
el otro que lleva mi nombre.
Son difíciles mis amigos.
El caer y levantarse.
Pronunciar la palabra adecuada
en situaciones que exigen precisión.

Es difícil,
cuando se te pide, darlo todo.

Me preocupa el qué no dirán
esas veces que te hablan
llevándose una mano al corazón.
Y en tu lugar se ponen
–no sé cómo lo harán–
y meten el dedo en la llaga
ignorando que en realidad
están haciendo daño. Mucho daño.
Tanto que pides disculpas y urgente
vuelves contigo a ti mismo
donde ya nadie que no quieras
pueda entrar.

Suele presentarse el pasado,
muy a menudo, a tomar café.

Al futuro, por el contrario,
no hay forma de localizarle.

Así el presente, una mezcla de ambos.
Lo incierto, lo irremediable.

Entre toda esa gente,
que tizna la tarde
de un color imaginado,
alguien se equivoca;
buscaba la oscuridad.

Para Cristián Lázaro

Comienza el día
con muy buena cara.
Hasta que, en busca del pan y la poesía,
salgo a la calle y me le encuentro
hurgando en los contenedores de basura.
Alto, delgado.
Con una indumentaria de un color
que no sé definir.
Probablemente de mi edad.
Da igual su procedencia.
A grandes rasgos podría ser yo.
De la escena me alejo.
Luce el sol, pero es como si
a media mañana estuviera, ya,
anocheciendo.

Aún estamos a tiempo.
La vida, tampoco la muerte, se retrasa.
Te digo de soltar lastre.
Todo lo que hemos buscado.
Todo lo que hemos hallado.
Todo lo que hemos perdido.
Dejar todo aquí.
Junto a tu nombre y el mío.
Y así poder, cada uno desde su madrugada,
seguir adelante.

Conversación con Roberto Juarroz

Palabras
que nos sostienen.
Otras nos hunden
en el fondo de ese pozo
que es la humillación.
Entonces, únicamente
las palabras enemigo y perdón
quedan. Y hay que elegir.

Cuando me dicta sin reservas
sólo tengo que estar atento.
No paso sed. No paso hambre.
En cambio, cuando se resiste
y no quiere ser poema
tengo que seguir su rastro
allá por donde pise,
en un emocionante trasiego
de pistas falsas, direcciones prohibidas,
nombres, testigos, calles.
Entre versos engreídos y otros
que –aún peor– no dicen
nada.

En la sala de lecturas
del infierno, con Bolaño
y otros colegas, me paso
las horas muertas.
Sólo en el instante
que por megafonía
nos recuerdan el horario
—hay que avivar el fuego—
vuelvo, como es debido,
a los asuntos pendientes.
Que de especial no hay nada
ni en mi alegría ni en mi llanto.

Y esta belleza.
Y el miedo.
Y las goteras.

Y este silencio.
Y los suspiros.
Y las afueras.

Y esta sonrisa.
Y la nostalgia.
Y los olvidos.

Y este momento
en el que no veo poesía
por ningún lado.
En el que escribo el poema
y le arranco el corazón.

De sacudida en sacudida.
De la ilusión a lo no soñado.
Justificando todo eso que tan rápido arde.
Con los ojos abiertos.
Con los ojos cerrados.

De acera en acera.
Del deseo a la vigilia.
Dando mil vueltas alrededor
de nosotros mismos.
Con un pie en el suelo y otro en el aire.

El hechizo de cada día.
Una gota de cera.
El otro lado de los sueños.
Ser inconfundible.
Las alas de los pájaros.
El color de las estrellas.
Esa palabra que algo nuevo dice.
Un vínculo con la belleza.
El encanto de lo inesperado.

Y acercarse, con la inquietud del niño,
lo más posible a lo imposible.

Rincones ajenos al arte de pasar.
Al de irse.
Al de no haber estado.
Décadas de espejismos.
De desperdiciado talento.
De contradicciones y cambios.
Omnipresentes e invisibles.
Tan simples. Tan raros.
De peregrinación por esas calles
donde se esconde la belleza,
con la cabeza llena
de pájaros.

De la mano van
la pasión y el sosiego.
Lo supuesto y la verdad.
El todo y la nada.
El amor y la lágrima.
La sed y el beso.
Lo blanco y lo negro.
El horizonte y la espera.

La madrugada y sus ojos abiertos.

De repente
nos duele aquí, fuerte, en el costado
y, agotada la prisa, hay que parar.
Respirar hondo. Mirar al frente. A los lados.
También hacia atrás. Por qué no.
Que con eso baste.
Y ya recuperado el aliento
sopesar con calma la materia de vida
que aún nos queda para seguir muriendo
caminando.

RESEÑA DEL MAÑANA

La más abominable de las renunciaciones:
'Mañana será otro día'.

                                    Julio Cortázar

La mirada
con la que pudiste
hablar.

El silencio
donde tus recuerdos
aguardan.

Lo que exclusivamente en ti
deja huella, y por entero te hiere,
y sin engaño te sana.

Diferencia se llama.

Para Inmaculada Isabel

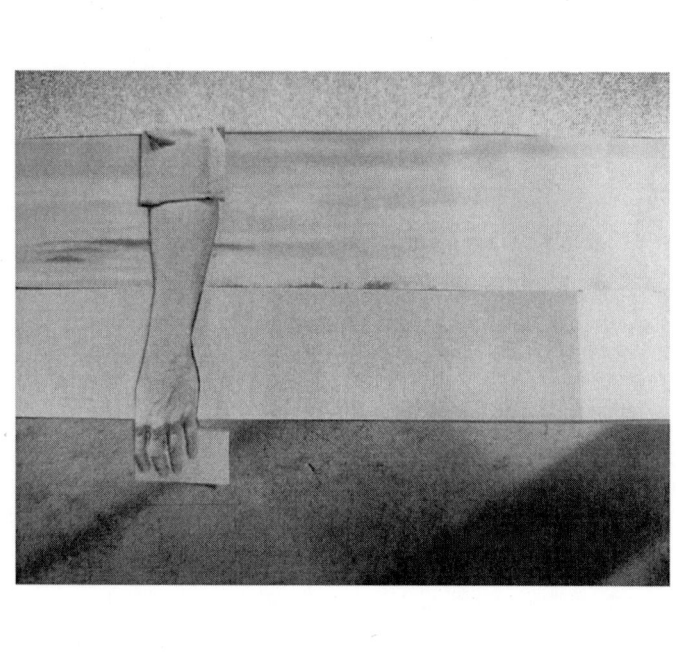

ÍNDICE

RETAZOS DEL AYER

Desolación 11

Comienzo el poema 12

Susurra primero 13

Observo 14

Con rayos certeros 15

En su cama, ... 16

Lo malo no es perder la inspiración 17

Siempre 18

Mis hijas crecen. 19

Cierro el libro al caer la tarde 20

En ocasiones nada nos es desconocido 21

Hoy, uno de noviembre 22

El tiempo pasa 23

Se pega 24

Un ya hablaremos 25

INSTANTÁNEAS DEL HOY

Es difícil 29

Me preocupa el qué no dirán 30

Suele presentarse el pasado 31

Entre toda esa gente 32

Comienza el día 33

Aún estamos a tiempo 34

Palabras 35

Cuando me dicta sin reservas 36

En la sala de lecturas 37

Y esta belleza 38

De sacudida en sacudida 39

El hechizo de cada día 40

Rincones ajenos al arte de pasar 41

De la mano van 42

De repente 43

RESEÑA DEL MAÑANA

La mirada 47

Esta edición
de DIFERENCIA SE LLAMA
acabó de imprimirse
durante el inicio del Vendimiario de 2024
en el férvido obrador de Celya,
setecientos tres años y nueve días después
de que los despojos de Dante Alighieri
descendiesen ícaros al hielo, a medias soterrados,
colores rojos, cabeza afuera, tornándose al todo
y a la nada, destello tremolante, pasión y sosiego,
desde donde sus evocaciones aguardan
de la ilusión a lo no soñado,
el horizonte y la espera.

LAVS LIBRIS